POR UMA ANTROPOLOGIA DA MOBILIDADE

UNIVERSIDADE FEDERAL
DE ALAGOAS

Reitora
Ana Dayse Rezende Dorea

Vice-reitor
Eurico de Barros Lôbo Filho

Diretora da Edufal
Sheila Diab Maluf

Conselho Editorial Edufal
Sheila Diab Maluf (Presidente)
Cícero Péricles de Oliveira Carvalho
Elton Casado Fireman
Roberto Sarmento Lima
Iracilda Maria de Moura Lima
Lindemberg Medeiros de Araújo
Leonardo Bittencourt
Eurico Eduardo Pinto de Lemos
Antonio de Pádua Cavalcante
Cristiane Cyrino Estevão Oliveira

Editora da UFAL
Prédio da Reitoria - Andar Térreo
Campus A.C. Simões
Av. Lourival Melo Mota, s/n,
Cidade Universitária
Maceió - AL CEP 57072-970
Telefax: (82) 3214-1111 | 1113
contato@edufal.com.br
www.edufal.com.br

FUNDAÇÃO EDITORA
DA UNESP

Presidente do Conselho Curador
Herman Jacobus Cornelis Voorwald

Diretor-Presidente
José Castilho Marques Neto

Editor-Executivo
Jézio Hernani Bomfim Gutierre

Assessor Editorial
Antonio Celso Ferreira

Conselho Editorial Acadêmico
Alberto Tsuyoshi Ikeda
Célia Aparecida Ferreira Tolentino
Eda Maria Góes
Elisabeth Criscuolo Urbinati
Ildeberto Muniz de Almeida
Luiz Gonzaga Marchezan
Nilson Ghirardello
Paulo César Corrêa Borges
Sérgio Vicente Motta
Vicente Pleitez

Editores-Assistentes
Anderson Nobara
Arlete Zebber

Fundação Editora da UNESP (FEU)
Praça da Sé, 108
01001-900 – São Paulo – SP
Tel.: (0xx11) 3242-7171
Fax: (0xx11) 3242-7172
www.editoraunesp.com.br
www.livrariaunesp.com.br
feu@editora.unesp.br

MARC AUGÉ

POR UMA ANTROPOLOGIA DA MOBILIDADE

Tradução
Bruno César Cavalcanti
Rachel Rocha de A. Barros

Revisão
Maria Stela Torres B. Lameiras

Maceió, AL, 2010

© 2007 Editorial Gedisa S.A.
Título original em francês: Pour une Anthropologie de la Mobilité
Éditions Payot & Rivages (Collection Manuels Payot, 2009)

Cet ouvrage, publié dans le cadre du Programme d'Aide à la Publication Carlos Drummond de Andrade de la Médiathèque de la Maison de France, bénéficie du soutien du Ministère français des Affaires Etrangères et Européennes.

Este livro, publicado no âmbito do programa de participação à publicação Carlos Drummond de Andrade da Mediateca da Maison de France, contou com o apoio do Ministério francês das Relações Exteriores e Europeas.

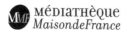

TRADUTORES
Bruno César Cavalcanti
Rachel Rocha de Almeida Barros

REVISORA DA TRADUÇÃO
Maria Stela Torres B. Lameiras

FOTO DA CAPA: interior do aeroporto de Hong Kong
CAPA: Estúdio Bogari

EDITORAÇÃO, DIAGRAMAÇÃO: Edmilson Vasconcelos
Reimpressão da 1ª edição: setembro 2012

Catalogação na fonte
Universidade Federal de Alagoas
Biblioteca Central
Divisão de Tratamento Técnico
Bibliotecária Responsável: Helena Cristina Pimentel do Vale

A919p   Augé, Marc, 1935-
         Por uma antropologia da mobilidade / Marc Augé; tradução: Bruno César Cavalcanti, Rachel Rocha de Almeida Barros ; revisão: Maria Stela Torres B. Lameiras. – Maceió : EDUFAL : UNESP, 2010.
         109 p.

         Tradução de: Pour une anthropologie de la moblilité.
         ISBN 978-85-7177-549-7
         ISBN 978-85-393-0059-4

         1. Antropologia social. 2. Mobilidade social. 3. Globalização. I. Título.

         CDU: 39

Direitos para esta edição cedidos à EDUFAL.
Feito o depósito legal.
Nenhuma parte desse livro pode ser reproduzida, sejam quais forem os meios empregados, a não ser com a permissão escrita do autor e da editora, conforme a Lei nº 9610, de 19 de fevereiro de 1998.

Editora afiliada:

Índice

Prefácio à edição brasileira:
Paradoxos e desafios contemporâneos 7

Apresentação 15

1. A noção de fronteira 17

2. A urbanização do mundo 27

3. A cegueira dos olhares 45

4. O escândalo do turismo 65

5. O deslocamento da utopia 85

6. Pensar a mobilidade 95

Conclusão 105

Prefácio à edição brasileira

Paradoxos e desafios contemporâneos

O mundo contemporâneo nos confronta com uma série de paradoxos que se apresentam como desafios para o pensamento e a ação política.

O primeiro paradoxo é espaço-temporal. A medida do tempo e do espaço muda. A terra não é mais que um ínfimo ponto em relação ao qual medimos em anos-luz a distância das estrelas, mas as mudanças são tão importantes e tão rápidas na terra que teremos, doravante, necessidade de períodos curtos para termos uma medida. A divisão em séculos propõe fatias de tempo largas demais aos historiadores do amanhã. O espaço terrestre se reduz e o tempo dos homens se acelera.

O segundo paradoxo é que a aparição desse novo espaço-tempo parece consagrar a perenidade do presente, como se a aceleração do tempo impedisse de lhe perceber o movimento. De onde a predominância do vocabulário espacial. A oposição do global e do local, que pertence à linguagem da geografia e da estratégia, resume em si mesma a filosofia política do momento. Essa nova ideologia do presente é a de um mundo que está, entretanto, em plena erupção histórica e científica. Mas, após a derrota infligida pela história às grandes utopias do século XIX, em tempos da comunicação instantânea das imagens e das mensagens, não mais ousamos imaginar o futuro e temos o sentimento de viver numa espécie de presente perpétuo onde os eventos se acumulam, mas não fazem sentido. Nós oscilamos entre nostalgia e consumo bulímico da atualidade.

O terceiro paradoxo é espacial e social: nunca os enclausuramentos foram tão numerosos como nesse mundo em que tudo circula e uniformiza-se. A urbanização do mundo (a aparição do "mundo-cidade") é uma característica essencial do fenômeno da globalização. Ela passa ao mesmo tempo pela extensão das megalópoles (as "cidades-mundos") e pelo tecido urbanizado ao longo das costas marítimas, dos rios e das grandes vias de circulação. É uma mudança tão importante, nos diz Hervé Le Bras, quanto a passagem, no neolítico, do nomadismo à agricultura sedentária. Podemos observar a circulação ininterrupta dos homens, dos bens e das mensagens, na escala do "mundo-cidade". Mas na escala da "cidade-mundo", o quadro muda: reencontramos, ao mesmo tempo, toda a diversidade e todas as desigualdades do mundo. A cidade-mundo é enclausurada de mil maneiras; encontramos aí bairros privados, superprotegidos, e bairros que escapam ao controle da polícia. Uma maioria de seres humanos fixa residência nos arrabaldes da miséria. E os percursos do grande turismo internacional evitam os lugares da pobreza e da violência urbanas, mesmo se muitos turistas ocidentais gostam de passar suas férias nos países que os migrantes tentam abandonar.

O quarto paradoxo é o fato de que, se a separação econômica entre os países desenvolvidos e os outros tende globalmente a se reduzir, no interior dos países desenvolvidos, países "emergentes" e países subdesenvolvidos, por outro lado, a separação entre os mais ricos dos ricos e os mais pobres dos pobres não para de se intensificar.

O quinto paradoxo, talvez o mais carregado de ameaças, toca no domínio do conhecimento. Enquanto a ciência não para de progredir em um ritmo acelerado (somos incapazes de dizer qual será o estado de nossos conhecimentos em trinta anos), aumenta o fosso entre a elite do saber e aqueles que não conseguem nem mesmo acessá-lo. Desse ponto de vista, o que têm em comum o filho de um casal de professores de Harvard e a filha de um camponês afegão? Nada, senão o fato de serem igualmente humanos e de viverem na mesma época, de serem "contemporâneos" no sentido mais restrito do termo.

A coexistência das mais avançadas pesquisas científicas e dos mais sectários movimentos religiosos é uma dessas formas que toma esse paradoxo.

Face a esses desafios, os políticos parecem hoje desarmados, carentes de ideias e de modelos. Eles se refugiam na gestão do presente, a "governança".

Eles teriam, no entanto, interesse em se inspirar na modéstia tenaz própria à *démarche* científica. A história das ciências é a das hipóteses que foram colocadas à prova, questionadas, confirmadas ou modificadas e que, progressivamente, fizeram recuar as fronteiras do desconhecido. A força dos cientistas é que eles não duvidam da realidade de seu objeto e sabem que, pouco a pouco, passo a passo, eles avançam. O que poderia inspirar tal convicção aos políticos, senão a consciência de ter um objeto, eles também, e de permanecerem fiéis a um princípio axiomático? Esse objeto é o indivíduo, independentemente de seu sexo, de sua origem ou de sua idade. E o princípio é a necessidade de sua liberdade formal e real. No geral, é sobre a concepção efetiva que um regime político tem do indivíduo, sobre a autonomia real que ele reconhece nesse indivíduo, notadamente na gestão de sua relação com outrem, que podemos medir seu caráter mais ou menos democrático.

Para avançar nessa direção, e tentar ultrapassar os paradoxos e as contradições do mundo contemporâneo, de início, os políticos deveriam permanecer fiéis ao princípio axiomático que justifica sua existência e sua ação (é a traição desse princípio, pecado contra o espírito, que foi a fonte das catástrofes do século XX) e se guardar tanto dos sistemas essencialistas quanto de um pragmatismo sem princípio. Em seguida, eles deveriam voltar o olhar para o futuro e aprender a emitir hipóteses para testá-los. Emitir hipóteses é reconciliar a dúvida e a esperança. Mais do que nunca temos necessidade das duas.

Marc Augé,
Julho de 2010.

Apresentação

Os nômades classicamente estudados pelos etnólogos têm o sentido do lugar e do território, o sentido do tempo e do retorno. Esse nomadismo é, então, diferente do que chamamos metaforicamente de nomadismo para falar da mobilidade atual, mobilidade "sobremoderna". O sentido de "sobre" no adjetivo "sobremoderno" deve ser entendido no sentido que ele possui em Freud e Althusser, na expressão "sobredeterminação", o sentido do inglês "over"; ele designa a superabundância de causas que complica a análise dos efeitos.

A mobilidade sobremoderna exprime-se nos movimentos de população (migrações, turismo, mobilidade profissional), na comunicação geral instantânea e na circulação dos produtos, das imagens e das informações. Ela corresponde ao paradoxo de um mundo onde podemos teoricamente tudo fazer sem deslocarmo-nos e onde, no entanto, deslocamo-nos.

Essa mobilidade sobremoderna corresponde a certo número de valores (desterritorialização e individualismo) que, hoje, grandes desportistas, grandes artistas e outros nos dão a imagem. Mas nosso mundo está cheio de contra-exemplos: exemplos de sedentarismo forçado, de uma parte, exemplos de territorialidade reinvidicada, de outra. Nosso mundo está cheio de "abcessos de fixação" territoriais ou ideológicos.

É preciso dizer que a mobilidade sobremoderna corresponde muito largamente à ideologia do sistema da globalização, uma ideologia da aparência, da evidência e do presente que está pronta para recuperar todos os que tentam analisá-la ou criticá-la. Tentaremos apresentar aqui alguns de seus aspectos analisando certas noções-chave: fronteira, urbanização, migração, viagem e utopia.

1
A noção de fronteira

Se a noção de fronteira é "boa para pensar" é porque ela está no cerne da atividade simbólica que, desde a aparição da linguagem, se seguirmos Lévi-Strauss, é empregada para significar o universo, para dar um sentido ao mundo e torná-lo habitável. Ora, no essencial, essa atividade consistiu em opor categorias como o masculino e o feminino, o quente e o frio, a terra e o céu, o seco e o úmido, para simbolizar o espaço compartimentando-o.

Hoje é incontestável que estamos prestes a viver um período histórico onde parece menos evidente a necessidade de dividir o espaço, o mundo ou o que se vive, para compreendê-los. O pensamento científico não repousa mais sobre as oposições binárias e se esforça para por em dia a continuidade sob a aparência das descontinuidades, por exemplo, esforçando-se em compreender e, talvez, em recriar a passagem da matéria à vida. A igualdade dos sexos é uma exigência do pensamento democrático, mas, para além dessa igualdade, há uma identidade de funções, de papéis e de definições que é postulada desde quando damos destaque à proeminência da ideia de indivíduo humano. Enfim, a história política do planeta parece questionar as fronteiras tradicionais, no momento em que um mercado liberal mundial ocupa espaço, e onde as tecnologias da comunicação parecem suprimir, cada dia mais, os obstáculos ligados ao espaço e ao tempo.

Sabemos, entretanto, que as aparências da mundialização e da globalização recobrem muitas desigualdades e vemos, em diferentes escalas, ressurgirem fronteiras cuja existência traz um desmentido à tese do fim da história. A oposição Norte-Sul é substituída pela dos países colonizadores e países colonizados. Nas grandes metrópoles do mundo, opõem-se os bairros ricos aos bairros "difíceis"[1], e é toda a diversidade do mundo, e são também todas as suas desigualdades que aí se encontram. Existem mesmo bairros privados e cidades privadas em diversos continentes. As migrações dos países pobres para os países ricos constantemente assumem formas trágicas, e são os países liberais que erigem muros para se protegerem dos imigrantes clandestinos. Novas fronteiras se desenham, ou antes, novas barreiras se erguem seja entre países pobres e ricos, seja no interior dos países subdesenvolvidos ou de países emergentes, entre os setores ricos, figurando na rede da globalização tecnológica e econômica e os outros. De um outro lado, os que sonham com uma sociedade mais

---

[1] Todas as aspas são do original francês (N.T.).

humana, e consideram que o planeta é sua pátria, não podem ignorar nem a força dos enclausuramentos comunitários, nacionais, étnicos ou outros, que desejam redefinir fronteiras, nem o expansionismo dos proselitismos religiosos, que sonham conquistar o planeta desordenando todas as fronteiras.

No mundo "sobremoderno", submisso à tríplice aceleração dos conhecimentos, das tecnologias e do mercado, é a cada dia maior a distância entre a representação de uma globalidade sem fronteiras que permitiria aos bens, aos homens, às imagens e às mensagens circularem sem limitação, e a realidade de um planeta dividido, fragmentado, no qual as divisões renegadas pela ideologia do sistema encontram-se no próprio coração desse sistema. Assim, poderíamos opor a imagem da cidade mundo, esta "metacidade virtual", segundo a expressão de Paul Virilio, constituída pelas vias de circulação e pelos meios de comunicação que encerram o planeta em suas redes e difundem a imagem de um mundo cada dia mais homogêneo, às duras realidades da cidade mundo onde se reencontram e, eventualmente, afrontam-se as diferenças e as desigualdades.

A urbanização do mundo é, ao mesmo tempo, a extensão do tecido urbano ao longo das costas litorâneas e dos rios e o crescimento sem fim das megalópoles, ainda mais observável no terceiro mundo. Esse fenômeno é a verdade sociológica e geográfica do que chamamos mundialização ou globalização, e é uma verdade infinitamente mais complexa do que a imagem da globalidade sem fronteiras que serve de álibi a uns, e de ilusão a outros.

Portanto, precisamos atualmente repensar a fronteira, essa realidade constantemente renegada e reafirmada. O fato é que ela se reafirma constantemente sob formas enrijecidas, que funcionam como interditos e provocam exclusões. É preciso repensar a noção de fronteira para tentar compreender as contradições que afetam a história contemporânea.

Muitas culturas têm simbolizado o limite e a encruzilhada, esses lugares particulares onde acontece alguma coisa da aventura humana, quando um parte ao encontro do outro. Existem fronteiras naturais (montanhas, rios, desfiladeiros), fronteiras linguísticas, fronteiras culturais ou políticas. A fronteira assinala, de início, a necessidade de aprender para compreender. Na verdade, o expansionismo de alguns grupos levou-os a violar as fronteiras para impor sua lei a outros, mas acontece que, mesmo nesse sentido, a travessia da fronteira não seria sem consequência para seus autores. A Grécia vencida civilizou Roma e contribuiu para sua influência intelectual. Na África, os conquistadores adotavam tradicionalmente os deuses dos povos sobre os quais haviam triunfado.

As fronteiras não se desfazem jamais, elas se redesenham. É o que nos ensina o movimento do conhecimento científico, que desloca progressivamente as fronteiras do desconhecido. Um saber científico jamais é constituído como absoluto; é o que o distingue das cosmologias e das ideologias: ele sempre tem novas fronteiras como horizonte. A fronteira, nesse sentido, tem sempre uma dimensão temporal: é a forma do devir e, talvez, da esperança. Eis o que não deveriam esquecer os ideólogos do mundo contemporâneo, que sofrem constantemente ou de muito otimismo ou de muito pessimismo, de qualquer forma, muito de arrogância. Não vivemos num mundo acabado, onde só nos restaria celebrar a perfeição. Também não vivemos num mundo inexoravelmente abandonado à lei dos mais fortes ou dos mais loucos. De início, vivemos em um mundo no qual a fronteira entre democracia e totalitarismo ainda existe. Mas a própria ideia de democracia é sempre inacabada, sempre a conquistar. A grandeza da política democrática, como a da política científica, reside na recusa das totalidades acabadas e no fato de se assinalar fronteiras para explorá-las ou ultrapassá-las.

Há na ideia de globalização, e entre os que a reivindicam, uma ideia de finalização do mundo e de paralisação do tempo, o que denota uma ausência de imaginação e um aprisionamento no presente que são profundamente contrários ao espírito científico e à moral política.

2
A urbanização do mundo

A urbanização do mundo é um fenômeno que um demógrafo pôde comparar à passagem para a agricultura, ou seja, à passagem do nomadismo caçador ao sedentarismo. No entanto, seu paradoxo é que é um fenômeno que não corresponde a um novo sedentarismo, mas, antes, a novas formas de mobilidade. Ele apresenta dois aspectos distintos e complementares:

a) o crescimento dos grandes centros urbanos;

b) o aparecimento de filamentos urbanos, para retomar a expressão do demógrafo Hervé Le Bras, filamentos que soldam umas nas outras as cidades existentes ao longo de vias de circulação, de rios e de costas marítimas.

Esse fenômeno é a tradução espacial daquilo que chamamos de mundialização. Sob o termo "mundialização", entendemos ao mesmo tempo a globalização, que se define por extensão do mercado liberal e o desenvolvimento dos meios de circulação e de comunicação, e a planetarização ou consciência planetária, que é uma consciência ecológica e social. Estamos mais conscientes, a cada dia, de habitar um planeta que é um corpo físico ameaçado, e estamos igualmente conscientes das desigualdades econômicas e de outras que se cruzam entre os habitantes deste mesmo planeta. A consciência planetária pode se definir como uma consciência infeliz, na medida em que ela é sensível, ao mesmo tempo, ao papel dos humanos na saúde precária do planeta e aos riscos sociais e políticos a que ela é submetida diante das violências ligadas às situações de desigualdade.

Crescimento urbano e filamentos urbanos mudam a paisagem (é também nessa mudança que se pensa quando falamos da urbanização do mundo), mas estamos habituados às palavras tradicionais e às representações antigas. Referimo-nos aqui com frequência, e um pouco maquinalmente, em especial quando fazemos alusão às violências urbanas, aos problemas da juventude, à questão da imigração. O par cidade/subúrbios ou, numa linguagem mais geométrica, o par centro/periferias está no cerne de todas as descrições. É nas "periferias" da cidade que se situam todos os problemas da cidade: pobreza, desemprego, sub-habitação, delinquência, violência.

O emprego de palavras não é jamais inocente, e é útil aqui prestar atenção a isso. A palavra "periferia" só tem sentido em relação à noção de "centro". Ora, associamos essa palavra às imagens da miséria e das dificuldades urbanas, mas a colocamos quase sempre no plural (as "periferias urbanas"), como para dar conta do fato que é todo o tecido urbano que está assim designado como se, para falar o inverso de Pascal, a circunferência estivesse por todo lado e o centro em nenhuma parte.

As próprias periferias são zonas em torno da cidade que estão em oposição ou em rivalidade umas com as outras, à distância das outras, tão distanciadas umas das outras quanto do centro imaginário da cidade em relação ao qual elas se definem como "periféricas".

O vocabulário é importante nessas matérias. O *boulevard* periférico, em Paris, exerce um pouco o papel dos antigos muros: ele define a Paris "intraperiférica", no modelo da Paris "intra-muros". O que é assim delimitado é um centro, que permanece inapreensível, pois ele é também plural, mesmo se, para os jovens dos subúrbios, ele se localiza mais fortemente na estação do RER Châtelet-Les Halles ou nos Champs-Élysées. As periferias, no plural, fazem então referência a um centro imaginário, ausente e, talvez, fantasmaticamente desejado. Da mesma maneira, a palavra "integração", empregada muito frequentemente como *leitmotiv*, para sublinhar o caráter insuficiente dessa "integração", faz alusão a um conjunto muito largamente indefinido, ao qual conviria, justamente, se integrar, mas que só existe como uma entidade abstrata, definida negativamente pelas falhas das quais ela é o objeto. O centro geográfico ao qual a palavra "periferias" parece fazer alusão e o conjunto sociológico ao qual faz referência a palavra "integração" existem, de início, negativamente. Negativamente para os que estigmatizam ou denunciam os guetos, a marginalidade ou a exclusão. Mas negativamente, também, aos olhos dos que se consideram, com efeito, como excluídos e periféricos, e para os quais o conjunto a que eles não se recusam a pertencer e o centro do qual eles gostariam de se aproximar são também tão distantes quanto inapreensíveis. Em suma, servimo-nos de um vocabulário antigo para designar realidades novas. O "cinturão vermelho" de Paris designava, até os anos sessenta, os subúrbios operários que votavam na esquerda e representavam a força do Partido Comunista. Renault e Boulogne-Billancourt eram o lugar de uma "cidalela operária". A geografia social se definia em termos simples, simples demais, sem dúvida, mas, em todo caso, hoje obsoletos.

Periferia pode ser entendida em um sentido geográfico, mas também num sentido político e social. Periferia não é subúrbio. Existem subúrbios chiques e "periferia" nos antigos centros das cidades, tanto em Chicago quanto em Marseille ou em Paris. Nas cidades do terceiro mundo, os bairros entregues à precariedade e à pobreza, favelas ou outros, infiltram-se, constantemente, no coração da cidade; eles encostam nos bairros ricos, de acesso reservado, e escorrem por entre os monumentos da riqueza e do poder como um oceano de miséria. Mas essas formas "periféricas" não são o apanágio das cidades do terceiro mundo. O problema do *habitat* e da pobreza urbana está agora presente no centro das mais impressionantes megalópoles ocidentais. Do mesmo modo que existem bairros privilegiados ramificados diretamente sobre as redes mundiais das grandes cidades da África ou da América Latina, existem, nas cidades mais industrializadas do Ocidente, zonas desqualificadas, desclassificadas, onde encontram refúgio os indivíduos evadidos do quarto mundo, da clandestinidade e da precariedade. O que está em causa, então, é o que Paul Virilio chamou, já em 1984, uma "degradação do urbano", em seu livro *O espaço crítico*. Essa degradação está ligada ao desemprego, à política de relocação de certas empresas e à instabilidade econômica, social e geográfica que resulta do abalo global da forma de vida. Pois os sobressaltos da cidade e da sociedade urbana hoje são as testemunhas de uma revolução que tenta se generalizar (e, nesse sentido, "finalizar a história"), mas da qual percebemos, a cada dia, os efeitos desestabilizantes. A instabilidade é a versão obscura da mobilidade que associamos aos aspectos mais dinâmicos da economia.

Philippe Vasset é um geógrafo francês que demarcou zonas brancas nos mapas que o Instituto Geográfico Nacional faz das cidades e de suas periferias e que ele explorou. Ele foi, assim, levado a percorrer terrenos baldios, zonas vazias, futuros canteiros de obra que serviam, por vezes, de objeto de ocupações selvagens. Esses conjuntos abandonados, mas sem lembranças, na expectativa, mas sem projeto definido, correspondem a uma mundialização do vazio cujo traço encontra-se por todo lado: eles são, do mesmo modo que todos os terrenos baldios e favelas do planeta, a sombra trazida pela mundialização gloriosa que se manifesta nas torres e nas sedes sociais das empresas ou nos salões *VIP* dos aeroportos e dos hotéis de luxo. Eles constituem, em todo caso, a forma nua do "não-lugar". São espaços onde não se pode vislumbrar nenhuma relação social, onde nenhum passado partilhado se inscreve, mas, ao contrário dos não-lugares da sobremodernidade triunfante, não são mais espaços de comunicação, de circulação ou de consumo. Vasset conclui sua obra *Um livro branco* (Fayard, 2007) com esta constatação: "As megalópoles assemelham-se nas suas margens e as zonas brancas são postos avançados dessa transformação, os pontos por onde Paris, Lagos e Rio comunicam como as bacias de uma barragem".

O que está em jogo, no final das contas, e que testemunham tanto os descompassos observados no espaço urbano quanto as fissuras do tecido social e as disfunções da cidade, é uma mudança de escala da atividade humana e um descentramento dos lugares onde ela acontece. As cidades mais importantes não podem mais ser analisadas hoje sem levar em consideração todos os equipamentos que as religam e as prendem à rede mundial de comunicação e de circulação. O urbanismo é, a cada dia mais, concebido em função da necessidade de uma redefinição das relações entre interior e exterior. A ligação com outros lugares faz parte do novo urbanismo. A rede de rodovias que abrange, contorna e, às vezes, atravessa as cidades, é concebida tanto para permitir um acesso fácil aos aeroportos quanto para fazer fluir a circulação no interior da zona urbana em sentido amplo. Ela é reduplicada, frequentemente, por uma rede ferroviária que responde aos mesmos objetivos. Numa cidade como Paris, a rede do RER, que assegura o suporte da grande região parisiense, preencheu essa missão de ligação entre "centro" e "periferias", mas, de modo bastante observável, o metrô parisiense, criado no início do século XX, e que não parou de crescer durante todo o século, para além das portas de Paris, vem agora em socorro do RER, cujo tráfego se intensificou em proporções extraordinárias. Em 1998, a linha 14 do metrô, Méteor, a última das linhas criadas, moderna, automatizada e sem piloto, foi construída, entre outros, para transportar uma parte dos passageiros do RER A. Os que se utilizam da linha Méteor são em 70% suburbanos. Significativamente, a linha 1 do metrô, a primeira, a mais antiga, que religava inicialmente Porte de Vincennes à Porte Maillot, foi prolongada até La Défense em1992, e serve também de intermediária ao RER A; por sua vez, ela será brevemente automatizada. A localidade Paris - La Défense, assim nomeada ainda que se estenda sobre três comunas exteriores a Paris, é o centro de negócios mais importante da Europa, e as maiores empresas ali se instalaram em torres, das quais as mais recentes foram construídas no modelo de suas homólogas americanas por arquitetos de renome mundial. O Arco de La Défense foi edificado no prolongamento do eixo histórico que passa pelo Louvre, La Concorde e l'Étoile. Dessa forma, a linha 1 do metrô reivindica a história da França e a história de Paris. O centro econômico de Paris está doravante "fora dos muros", mas ele guarda o nome de Paris. A cidade muda de escala e o metrô de vocação. A cidade se descentra e o metrô se liga a outras redes.

A organização dos transportes urbanos revela, assim, uma dupla tensão e uma dupla dificuldade. De um lado, a grande metrópole só merece esse título se ela pertence explicitamente a diversas redes mundiais que garantem a vida econômica, a vida artística, a vida cultural e a vida científica do planeta. A vitalidade da grande cidade mede-se pela importância dos fluxos que nela entram e saem. A cidade transforma-se para assegurar sua circulação e oferecer uma imagem acolhedora e prestigiosa, uma imagem essencialmente concebida para o exterior, para atrair os capitais, os investidores e os turistas. De outro lado, geograficamente, a cidade expande-se e desloca-se. Os "centros históricos", preparados para seduzir os visitantes vindos de longe e os telespectadores, só são habitados por uma elite internacional. Os subúrbios tornam-se densos. Cidades satélites aparecem. Por vezes, como em Brasília, a repartição é de uma clareza notável: podemos distinguir a cidade inicial, onde se encontram os escritórios e onde moram as classes superiores, as cidades satélites, onde residem as classes médias, e a zona intermediária, a zona das favelas e das instalações precárias progressivamente ocupada pelas classes pobres.

A urbanização exprime, então, todas as contradições do sistema da globalização, do qual se sabe que seu ideal de circulação de bens, ideias, mensagens e seres humanos está submetido à realidade das relações de força que se exprimem no mundo. Podemos voltar, a esse propósito, para as análises de Paul Virilio em *A bomba informática*. Elas mostram como, para o Pentágono americano, o global é concebido como o interior do sistema mundial da economia e da comunicação, e o local como seu exterior. Sistema ideal, que se aproxima do que Fukuyama chamou "o fim da história", definido pela combinação da democracia representativa e do mercado liberal, sem que possamos saber ao certo, como notou Derrida em *Espectros de Marx*, se ele entendia por isso um término real ou somente tendencial. A urbanização do mundo, em termos de descrição etnográfica, reenvia a percepções diferenciadas: extensão das megalópoles, intervenção dos mesmos grandes arquitetos nos quatro cantos do planeta, transformação acelerada e espetacular da paisagem urbana sobre certos continentes (a China, os Emirados Árabes Unidos), mas também deslocamentos de população de diversas ordens (por exemplo, os "desplazados" da Colômbia, "deslocados" de seus campos para a periferia dos grandes conjuntos urbanos), grandes campos de alojamento na África e em outras partes, migrações camponesas, criações urbanas *ex nihilo* na China, guetização de certos subúrbios sob a pressão de crescimento das migrações dos países pobres para os países ricos...

Desde então, a urbanização se apresenta sob dois aspectos contraditórios, mas indissociáveis, como as duas faces de uma mesma moeda: de um lado, o mundo é uma cidade (a "metacidade virtual", de que fala Virilio), uma imensa cidade onde trabalham os mesmos arquitetos, onde se encontram as mesmas empresas econômicas e financeiras, os mesmos produtos..., de outro lado, a grande cidade é um mundo, onde se encontram todas as contradições e os conflitos do planeta, as consequências do fosso crescente entre os mais ricos dos ricos e os mais pobres dos pobres, o terceiro mundo e o quarto mundo, as diversidades étnicas, religiosas e outras. Essa diversidade reenvia às desigualdades gritantes que traduz a organização do espaço quando, do Cairo a Caracas, aparecem condomínios privados[2] onde só se pode entrar declinando sua identidade ou mesmo, como nos Estados Unidos, cidades privadas concebidas para a tranquilidade dos aposentados ricos. Logo, uniformidade de uma parte, diversidade de outra. O mundo cidade e a cidade mundo aparecem como ligados um ao outro, mas de modo contraditório. O mundo cidade representa o ideal e a ideologia do sistema da globalização, enquanto na cidade mundo expressam-se as contradições ou as tensões históricas engendradas por esse sistema. É na articulação do mundo cidade e da cidade mundo que se situam as zonas vazias e porosas das quais fala Philippe Vasset, essas zonas que são a face invisível da mundialização ou ao menos a face que não podemos, não queremos e não sabemos ver.

---

[2] *Quartiers privés*, no original (N.T.).

3
A cegueira dos olhares

Sob suas formas atuais, a urbanização estabelece, com efeito, a multiplicação dos pontos cegos, ou, se quisermos, ela cega o olhar dos habitantes das cidades. Vivemos num mundo de imagens, onde é a imagem que sanciona e promove a realidade do real. Ora, a coexistência do mundo cidade e da cidade mundo tem como primeiro efeito embaralhar as imagens, talvez porque, na articulação dos dois, criam-se zonas de vazio, inqualificáveis, zonas de vazios industriais, terrenos baldios entregues provisoriamente à solidão ou à colonização dos *squatters*, mas que se situam por vezes bem próximo das instalações que mundializam a cidade: auto-estradas, vias férreas, aeroportos. Podemos observar esse fenômeno de embaralhamento no aparecimento de novas palavras, que não são sinônimos, mas, entretanto, contaminam-se umas às outras, fazem outras desaparecer e são a fonte de novos medos e de violências potenciais. Examinemos algumas dessas palavras. Elas têm em comum privilegiar a linguagem espacial. Criam assim uma metáfora na qual todas as descrições e todas as análises permanecem prisioneiras. "Exclusão" é a primeira dessas palavras. Ela subentende, evidentemente, a existência de um interior e de um exterior, de um corte e de uma fronteira. Corte e fronteira físicos, geográficos, quando se trata do controle das fronteiras nacionais face à pressão das pessoas originárias dos países pobres que buscam ter acesso às regiões ricas do mundo, colocando, contantemente, suas vidas em risco. Corte e fronteira sociológicos quando pensamos em todos aqueles que, mesmo no interior dos países ricos, não se beneficiam, ou se beneficiam muito pouco, dessa riqueza, e entre os quais se encontra justamente certo número dos que fugiram das zonas mais pobres do mundo.

"Clandestinos", "sem documentos[3]", são palavras ou expressões que revelam um tipo à parte de certas categorias de imigrados, mas contrariamente ao que sugerem essas palavras e essas expressões, a existência delas é, com frequência, conhecida oficialmente. Simplesmente, ela não é reconhecida. Os clandestinos distinguem-se de início dos outros imigrados pela negação em torno de sua existência. A categoria geral da imigração é inteiramente atingida por essa precariedade do estatuto. A qualidade de imigrado "oficial" não é uma segurança absoluta contra a transitabilidade na clandestinidade: um visto de turismo tem uma duração limitada, um visto de permanência[4] também, as leis sobre a

---
[3] *Sans papiers*, no original (N.T.).
[4] *Carte de séjour*, no original (N.T.).

imigração podem mudar em função da conjuntura política e econômica.

Na França, os jovens "oriundos da imigração" são em geral franceses, mas um bom número dentre eles faz parte da segunda categoria de excluídos, os excluídos "sociológicos", por causa de uma má escolaridade ou do desemprego. Nesse ponto aparece uma contradição entre os princípios reivindicados e a realidade sociológica. A maior parte desses jovens é francesa. As crianças dos estrangeiros nascidas na França são francesas de pleno direito aos 18 anos. Entre 17 anos e meio e 19 anos, eles têm o direito de recusar a nacionalidade francesa. Podem solicitá-la de uma maneira antecipada entre 13 e 16 anos, com a anuência de seus pais ou, sem essa concordância, entre 16 e 18 anos. Patrick Weil, em seu livro *A França e seus estrangeiros,* cita as estatísticas do Ministério da Justiça, onde se mostra que uma grande maioria adquire a nacionalidade voluntariamente de modo antecipado e somente uma ínfima minoria a recusa. Nesse sentido, o "modelo social" francês funciona corretamente.

Mas a maior parte dos franceses "proveniente da imigração" pertence, geograficamente, aos bairros "desfavorecidos", o que subentende que os pobres, na cidade e em seus "subúrbios", encontram-se reunidos, formam uma massa, um grupo, uma ameaça talvez, aos olhos de alguns. Na França, a palavra "cité" resume esse aspecto das coisas e parece condensar o fiasco do urbanismo, da política econômica e do sistema escolar[5].

A esse estado de coisas soma-se o fato de se levar em consideração fenômenos antigos, como a pequena criminalidade e diversos tráficos (falava-se no século XIX das "classes perigosas") que são resumidos hoje pela palavra "marginalidade" (termo espacial que designa, na ausência de um

---

[5] A partir das considerações feitas pelo autor à palavra "cité", que se distingue de "ville" (cidade), optou-se por deixá-la em sua grafia francesa. Essa convenção foi adotada ao longo de todo o texto (N.T.).

lugar central, um centro de referência). Aí ainda existe um risco de contaminação verbal, pois à "margem" das cidades, o que encontramos são as periferias e os subúrbios.

É importante, pois, ter em mente o peso das palavras quando nos interrogamos sobre as violências e a crise urbanas, por exemplo, sobre os incidentes que marcaram o que chamamos a crise dos subúrbios na França. Algumas considerações são necessárias a esse propósito, para tentar circunscrever o fenômeno e buscar compreender em que ele é específico da França e em que ele tem uma significação mais geral.

1) Os incêndios de carros durante o final de semana são uma atividade regular de alguns bandos de jovens em certos subúrbios, há vários anos. Há vários anos também, eles são mais numerosos em algumas ocasiões e alguns lugares (nos subúrbios de Strasbourg no primeiro dia do ano,

por exemplo). Durante a "crise dos subúrbios", o movimento ampliou-se consideravelmente, mas ele não era novo.

2) É bem certo que nos movimentos desse gênero lança-se e relança-se, por uma parte, a rivalidade entre os bairros ou entre subúrbios, aqui compreendidos entre bairros ou entre subúrbios de cidades diferentes, que não têm nenhum contato, mas que se veem na televisão e medem-se por telas interpostas. A concorrência na *performance* violenta e sobretudo espetacular assemelha-se, assim, ao que Erwing Goffman chamava a *ação* em seu livro sobre os ritos de interação.

3) Desejar estar na tela é, de certo modo, desejar reencontrar o centro, esse centro descentrado e multiplicado que reencontramos em cada lar com a televisão: ela apresenta a cada dia as imagens de um centro ideal onde

se reencontram as vedetes políticas, esportivas, artísticas ou midiáticas da sociedade de consumo. Durante a crise dos subúrbios, essa dimensão estava presente: as façanhas dos "revoltados" passavam na televisão.

4) Não podemos, contudo, reduzir os eventos desse período a um simples jogo de papéis e de olhares. Foram acontecimentos graves, justamente porque eles testemunhavam o sentimento de exclusão de uma parte da juventude fechada num protesto sem conteúdo ideológico particular.

5) Com efeito, é preciso não confundir essas chamas (literalmente) de violência com outros fenômenos que existem, e existem fortemente, mas se situam em uma outra escala e com outras perspectivas. Para dizê-lo de outro modo, não creio que elas devam ser postas em relação com os movimentos prosélitos do islã político. Elas poderiam ser

exploradas por esses movimentos, na ocasião, sob forma de contribuições ao restabelecimento da ordem, por exemplo, mas não são as causadoras disso. Seus meios de pressão e de intervenção são outros.

6) A demanda dos jovens revoltados não é uma demanda subversiva. Eles querem estar "na onda", consumir como os outros. O fato de colocar fogo em escolas ou em lugares públicos não tem mais significação "revolucionária" do que aquele de incendiar o automóvel de seus vizinhos de bairro. O que querem é, de início, serem notados, existirem visivelmente.

7) As origens dos jovens "oriundos da imigração" são extremamente diversas. Para ficar somente com a África, há evidentemente grandes diferenças entre o Magreb e a África negra, e diferenças consideráveis no interior de ambos. As famílias

vindas da África negra não são todas muçulmanas. Na maioria das vezes os jovens provenientes de famílias africanas têm pouca relação, ou nenhuma relação, com o país originário de seus pais ou seus avós. Sua "cultura", nessas condições, cultura no sentido antropológico do termo, é bem mais aquela que eles próprios elaboram e das quais certas expressões (penso no *rap*) conheceram uma fama incontestável na produção artística contemporânea.

8) Existe um grande risco em falar de multiculturalismo. A palavra cultura, com efeito, tem frequentemente um conteúdo conceitual falho. Os imigrados não eram constantemente os mais bem informados, nem os melhores representantes de suas culturas tradicionais de origem. Essas culturas tradicionais foram sempre controladas muito desigualmente pelas populações (nessa matéria

também existem indivíduos mais cultos que outros). Elas em nada concernem às novas gerações. Quanto à religião, notadamente o islã, ela se manifesta, sobretudo, sob uma forma bem contemporânea e muito proselitista que não tem nada a ver com a transmissão de uma herança cultural. A linguagem da tradição e das origens não é certamente a mais adaptada para analisar os subúrbios das cidades atuais.

Descobrimos no decorrer do século XX a riqueza das culturas ditas "orais" ou "sem escrita". Os etnólogos mostraram que essas culturas puderam desenvolver modos de conhecimento e formas extremamente refinadas de adaptação ao meio ambiente. Um dos dramas de nossa época é que muitos indivíduos, devido a fatos como a colonização, a globalização, o êxodo rural, guerras, fomes e a migração, foram despossuídos de seus saberes tradicionais sem ter acesso, no entanto, aos modos de conhecimento modernos. Eles se empilham nas favelas e arrabaldes urbanos do terceiro mundo, nos campos de refugiados ou, quando têm a chance de conseguir imigrar, nos bairros pobres dos países desenvolvidos. Essas situações, por outro lado, podem engendrar umas às outras, e muitos migrantes nos países da Europa já se encontravam, literalmente, num estado de "deculturação" quando eles viviam em seus países de origem.

Essa situação é carregada de consequências. De uma parte, ela exclui largas frações da população do movimento que faz progredir certos setores dos países de migração, e ela os condena, nesses países ou no país de acolhimento, ao desemprego ou às taxas – as mais baixas e as mais precárias. De outra parte, ela introduz um corte entre gerações.

A posição simbólica dos pais diante
de seus filhos fragiliza-se, quando
eles aparecem aos olhos desses
como completamente estrangeiros
ao mundo da comunicação e
do consumo que os fascina. Isso
é particularmente verdadeiro
nos países em que os filhos da
segunda geração de imigrados vão
à escola e vivem uma experiência
radicalmente diferente daquela de
seus pais, mesmo quando estão em
dificuldade escolar.

Fala-se muito de cultura e de
identidade em nossos dias. Mas
cultura e identidade são noções
muito problemáticas quando se
combinam os efeitos da deculturação
e do analfabetismo. Sem domínio
da leitura e da escrita, as crianças de
hoje não podem verdadeiramente
compreender nem de onde vêm, nem
onde vivem, nem quem são. Elas
estão expostas a todos os perigos, às

imagens invasoras das mídias como às mensagens as mais perversas de todos os ideólogos, a todas as derivas, a todas as alienações e a todas as recuperações.

Essa questão é tanto mais grave quando, mesmo nos países mais desenvolvidos do mundo, uma boa parte da população é tocada pelo analfabetismo e pela ignorância. Diversas pesquisas revelaram isso, em relação aos Estados Unidos, onde a da Fundação Nacional de Ciência apontou, entre outros, que a metade dos americanos ignorava que a Terra dá a volta em torno do Sol em um ano. Os números na Europa não seriam talvez muito diferentes. Nesse caso, o mais grave é que eles traduzem a relativa indiferença dos poderes públicos a respeito de uma expectativa fundamental ao ideal democrático.

9) Em todos os domínios e sob todos os aspectos, é preciso desconfiar

do emprego irrefletido, e mais ainda, do emprego deliberado das palavras em voga: elas contribuem frequentemente para criar as realidades que pretendem designar ou descrever. Uma das tarefas essenciais da educação nacional deveria ser a de libertar a sociedade através da instrução dos indivíduos. É pela democracia (da qual a educação é uma peça fundamental) que se pode permitir aos indivíduos, quaisquer que eles sejam, independentemente de suas origens e de seu sexo, de pertencer à República. Esta se define como "una e indivisível". É necessário também que ela seja efetivamente acessível a todos.

Nos anos setenta, as "cités" na França ainda se apresentavam como o resultado de uma política de modernização do *habitat* que consagrava a promoção da classe operária; a política de reagrupamento familial decretada na mesma época visava, de alguma maneira, estabilizar a situação dos que chamávamos então de "trabalhadores imigrados" e juntá-los, integrá-los às fileiras dos operários franceses. Mas o surgimento do desemprego, no fim dos anos setenta, mudou as regras do jogo. Os primeiros atingidos foram os trabalhadores não qualificados oriundos da imigração. O medo do desemprego alcançou a classe operária. No interior das cidades, os imigrados representavam majoritariamente o "pólo negativo" do qual falou o antropólogo Gérard Althabe. É desses anos que data o surgimento de uma nova forma de racismo baseado no receio de ser assimilado a esse pólo negativo.

Os "clandestinos" são mais que isso: eles trabalham sem ser declarados; eles representam todos os perigos (mas, para seus empregadores, todas as vantagens) da deslocalização. Em todo caso, alguns dentre eles. Do desempregado ao trabalhador clandestino é apenas um passo. Assiste-se, então, à dissolução das categorias, ainda mais facilmente quando as diversas camadas da população se ignoram, mesmo se elas se acotovelam nos grandes centros comerciais ou nos transportes públicos das megalópoles ocidentais.

É preciso acrescentar a essas considerações alguns elementos importantes que lhes redobram os efeitos e contribuem para a cegueira dos olhares. São eles, entre outros, a demografia, os cortes geracionais, a oposição entre cidade e campo que, apesar da urbanização, guarda um forte impacto imaginário na França e em outros países europeus (a violência é aqui identificada à cidade e às periferias urbanas), o terrorismo internacional e o crescimento islamita (encontramos, no Afeganistão e no Iraque, franceses oriundos dos subúrbios, como Moussaoui; descobrimos que terroristas se dissimulam nos subúrbios tranquilos de Londres). Por trás das paisagens da nova urbanização, como pano de fundo, se delineiam então alguns fantasmas e algumas ameaças reais.

O apelo ao respeito ou ao diálogo das culturas não tem nenhuma pertinência nesse contexto. Ele não concerne, de fato, nem aos fanáticos mobilizados nem às novas gerações de origens diversas, que criaram ou participaram da criação de novas culturas urbanas sem referência a nenhuma tradição anterior.

4
O escândalo do turismo

Em *O tempo em ruínas*[6], tentei demonstrar que o espetáculo das ruínas nos propunha uma visão do tempo, mas não da história propriamente dita. De fato, as ruínas de épocas diferentes acumularam-se no que chamamos hoje de ruínas ou de "campos de ruínas". Os sucessivos construtores construíram geralmente sobre as ruínas de seus antecessores e, quando não se construiu, a natureza retomou seu lugar, a vegetação cobriu a pedra e modelou por sua vez estranhas arquiteturas que descobrimos no Camboja, no México ou na Guatemala quando,

---
[6] *Le Temps en ruines*, Paris, Éditions Galilée, 2003 (N.T.).

devastada pelos homens, a floresta, vencida, retira-se. Mas o que descobrimos, então, é uma paisagem inédita na qual nenhum dos nossos antecessores na terra jamais viveu, que nenhum de nossos antecessores jamais viu. É uma paisagem saída da noite dos tempos, mas que só existe, em sua forma atual, para nós. É, nesse sentido, uma visão do tempo "puro".

Esse espetáculo suscita a curiosidade. Ele fascina, e não deve espantar que as ruínas constituam um destino privilegiado do turismo de massa. No século XIX, a alta burguesia, os poetas, os pensadores tinham o privilégio de poder ir às ruínas (da Antiguidade greco-latina, em geral) para ali meditar sobre o tempo que passa e sobre a vaidade dos destinos humanos. Eles sentiam rapidamente que o espetáculo das ruínas lhes falava mais da humanidade que da história. Os mais imbuídos deles mesmos, como Chateaubriand, encontravam ali uma oportunidade para identificar seu destino efêmero com o das civilizações desaparecidas. Eles ultrapassavam, transcendiam a história, de qualquer forma para meditar sobre o homem em geral, sobre o homem comum ao qual eles acreditavam poder se identificar um instante no curso de sua meditação.

Essa experiência é hoje "democratizada" nos países mais desenvolvidos no sentido de que ela está à disposição da pequena burguesia. Mas esse alargamento da experiência inscreve-se num todo que privilegia a ubiquidade e a instantaneidade, e no qual o longo deslocamento em direção às ruínas das civilizações perdidas e a *flânerie* meditativa não encontram mais lugar. As agências turísticas apresentam seus *menus*, nos quais todos os países e todas as paisagens alinham-se lado a lado e podem, por outro lado, ser objeto de visitas virtuais. Essa diversidade espacial absorve a diversidade temporal. Hesitamos entre as Cataratas do Niágara, a Acrópole, a Ilha de Páscoa e Angkor. Todas as possibilidades de deslocamento no espaço e no tempo estão aqui reunidas numa espécie de museu de imagens onde, se tudo é evidente, nada é mais necessário.

As paisagens (incluídas as ruínas) tornaram-se um produto como qualquer outro e se empilham umas sobre as outras nos catálogos ou nos painéis das agências turísticas. Por outro lado, essa acumulação não se dá sem evocar aquela pela qual tentei definir as próprias ruínas. Mas não se trata da mesma temporalidade. De fato, o tempo das ruínas não revela a história, mas faz aqui alusão a ela. O charme das ruínas prende-se talvez ao fato daquela incerteza alusiva à aparência de uma lembrança, que reenvia cada um a si mesmo e às regiões obscuras onde a memória se perde. Por outro lado, diante da forma exaustiva com a qual as agências turísticas operam, o sentimento que predomina é o de um inventário desordenado que não comanda mais o lento trabalho do tempo, mas a tirania de um espaço planetário percorrido e repertoriado completamente. A agência turística é mais um canteiro do que uma ruína, mas um canteiro sem projeto, daí a ausência de toda a ideia de exploração espacial ou temporal: não importa o quê, mas imediatamente. A ideia de viagem está, ela mesma, arruinada, mas essa ruína, longe de evocar um tempo qualquer "puro", nos reenvia à nossa história contemporânea, que não acredita mais no tempo. Hoje não pode haver mais ruínas e nada do que morre deixará rastros, mas registros, imagens ou imitações.

Um paralelo poderia aqui se esboçar entre o turista e o etnólogo. Ambos pertencem à parte do mundo mais privilegiada, aquela que é capaz de organizar viagens de prazer ou viagens de estudo em outros lugares. Não haveria nenhum escândalo se todos os homens pudessem ser turistas ou etnólogos, se a mobilidade de uns não fosse um luxo enquanto a mobilidade de outros é um destino ou uma fatalidade. Não haveria nenhum escândalo se todos os homens, indiferentemente, fossem expectadores deles próprios. E esse escândalo vale para a etnologia. Há etnólogos japoneses na África, mas não há africanos no Japão. O etnólogo que me interessa aqui, entretanto, volta-se cada vez menos para o futuro nos países exóticos porque o exotismo está moribundo e porque, finalmente, o exotismo não é, sem dúvidas, o objeto da etnologia. Ela sobreviverá a ele. Ela sobrevive a ele.

Quanto aos turistas, jamais foram tão numerosos. Estamos na era do turismo em massa. Resumindo as coisas, poderíamos dizer que as classes superiores e médias dos países ricos viajam cada vez mais além de suas fronteiras. Os países do Sul, por seu lado, veem no turismo uma fonte financeira e encorajam seu desenvolvimento, mesmo se os beneficiários diretos desse turismo são quase sempre organizações e indivíduos pertencentes aos países desenvolvidos. Desse ponto de vista, nossa época caracteriza-se por um contraste surpreendente e trágico, pois os turistas partem voluntariamente aos países de onde os emigrantes saem em condições difíceis e às vezes em risco de vida. Esses dois movimentos de sentido contrário são um dos símbolos possíveis da globalização liberal que, sabemos, não facilita igualmente todas as formas de circulação.

Comparando o etnólogo ao turista, gostaria de tentar mostrar, em linhas gerais, por contraste, a originalidade da posição do etnólogo, sem para isso reduzir o turista à caricatura que lhe é fácil de fazer, porque, de fato, ele é constantemente caricatural, mas, sem dúvida, o turista não se reduz, como indivíduo, à imagem que faz de si mesmo.

O que o etnólogo tradicional (e entendo por isso aquele que parte para estudar sociedades que são exóticas para ele) partilha com o turista atual, é o fato de ir para outro lugar, desenraizar-se. Mas ele sempre se distinguiu e se distingue, ainda de imediato, daquele sobre dois aspectos: ele viaja só e permanece no local muito tempo. Claro, ele parte para viver e estudar aqueles que estão próximos e isso poderia ser considerado a sua principal diferença em relação ao turista. Entretanto, não se pode recusar a alguns turistas, raros sem dúvida e, em todo caso, minoritários, a curiosidade, o desejo de observar e de aprender. O que distingue verdadeiramente o etnólogo do turista é, sobretudo, seu método: a observação sistemática, solitária e prolongada.

Mais profundamente, existe entre eles outra diferença, ao mesmo tempo mais radical e mais sutil.

O turista, nas versões mais recentes e mais luxuosas da atividade turística quer, ao mesmo tempo, seu conforto físico e sua tranquilidade psicológica, mesmo quando ele tem a alma de um viajante que gostaria de se aventurar. Ele consome o exotismo, a areia, o mar, o sol e as paisagens (para não falar de outros eventuais tipos de consumo), mas ele se sente em casa, mesmo quando está noutro lugar. Tudo o persuade: seus companheiros, os comentários que trocam, o conforto dos lugares, o caráter estereotipado das redes hoteleiras, os filmes que ele faz para ver mais tarde, no retorno, a brevidade de sua estadia ou de seu périplo. Em última hipótese, ele permanece em sua casa ou próximo de sua casa e se organiza para reduzir os outros a uma imagem: é suficiente para ele ligar a televisão ou ir a um parque temático.

O etnólogo, por sua vez, tem uma experiência radicalmente diferente. Procurando um desenraizamento que não se limita à paisagem, ele mesmo submete sua identidade à prova dos outros. Ele viaja fora dele mesmo. Por outro lado, evidentemente, está afastado daqueles e daquelas que se dispõe a observar (quer se trate de um povoado, de algumas famílias, de um bairro urbano ou de uma empresa); ele precisa inicialmente justificar e explicar sua presença, negociar seu estatuto de outro, de estrangeiro. Precisa também tomar consciência do papel que lhe atribuem ou que é levado a desempenhar. Nesse sentido, ele só pode começar a compreender os outros quando os outros reconhecem o lugar que ocupa. Ele não tem o estatuto de extraterritorialidade que confere ao turista o nome de seu clube de férias ou de sua rede hoteleira. Defronta-se, assim, com uma dupla exterioridade. Necessariamente exterior ao grupo que observa, ele tenta se aproximar intelectualmente deles abstraindo-se tanto quanto possível de si mesmo. Exerce o que Lévi-Strauss chamou de "capacidade do sujeito de se objetivar indefinidamente" e se coloca, dessa forma, numa espécie de entremeio cultural e psicológico que marca, de alguma maneira, o fim de sua viagem ou, antes, sua penúltima etapa, a última sendo a da escrita.

Lá ainda, entretanto, a distinção entre as duas posições é mais tênue e sutil do que se poderia acreditar, ao menos sobre o plano psicológico. O turista também, mas com frequência involuntariamente, coloca-se às vezes em situações psicologicamente desconfortáveis. Basta pensar na síndrome de Stendhal (o mal-estar induzido por uma visitação cotidiana abusiva às obras de arte na Itália) ou nos problemas psicológicos frequentemente sentidos pelos turistas ocidentais que vão para um país como a Índia e que são objeto de um repatriamento sanitário. O turista não escreve, evidentemente, um estudo sobre as populações com as quais ele cruza, mas, às vezes, suas fotos, seus filmes e seus postais constituem, ao final, uma espécie de obra, ao menos um inventário de sua experiência. Evidentemente, refiro-me aqui a experiências turísticas de uma intensidade pouco comum. A média dos turistas encontra-se nas antípodas desse desconforto psicológico e dessa preocupação de testemunho que se reduz, para muitos, a alguns clichês um pouco narcisistas.

É preciso dizer, enfim, que o etnólogo, ao fim de sua primeira viagem, elabora um quadro de reflexões que em seguida servirá (o primeiro campo a gente nunca esquece) e orientará seus estudos futuros, seja retornando ao mesmo campo, seja escolhendo outro bem diferente. Em todos os casos, é uma espécie de viagem interior que prossegue, mesmo se ela passa pela observação atenta das diferenças e das semelhanças, dos contrastes e das similitudes. O etnólogo se faz então antropólogo: ele alarga sua reflexão, mas ela se inscreve na continuidade de um percurso. Estamos, dessa vez, bem longe do turista que coleciona viagens para sua lista tanto quanto troféus de caça e vê retornar o período das férias com um entusiasmo renovado. A reflexão antropológica aprofunda-se e pode se satisfazer com deslocamentos reduzidos. É o caso de certo número de meus colegas que, inicialmente, trabalharam longe e, em seguida, aproximaram-se de suas casas, não por cansaço ou por impossibilidade de partir outra vez, mas porque tinham se conscientizado mais claramente do que era, precisamente, seu objeto intelectual de pesquisa.

Claro, o antropólogo pode também gostar de viajar, de partir. Mas não é, então, forçosamente, o etnólogo que fala nele. O etnólogo, enquanto tal, gosta de seu canto porque sabe que persegue um fantasma, o de um conhecimento impossível. É possível conhecer-se? A questão tem realmente sentido? Podemos conhecer realmente os outros? Conhecemos realmente aqueles de quem gostamos e estamos próximos? O etnólogo cedeu um dia à tentação de crer que conheceria certos outros, alguns outros, uma etnia, uma cultura. E aprendeu alguma coisa, ele conhece um pouco mais que no começo, mas continua a se interrogar sobre o estatuto desse conhecimento, sobre o que isso diz dele, dos outros e de sua relação recíproca. Ele se dá conta um dia que passou sua vida se fazendo as mesmas perguntas e que nenhum novo deslocamento no espaço poderá lhe trazer respostas mais claras; ele se dá conta, em suma, de que não é mais um explorador. Resta-lhe então fazer o levantamento do que pôde estabelecer, mas, ao contrário do viajante nostálgico, é em direção ao futuro que ele se volta: em direção aos que farão outras viagens e, de uma maneira ou de outra, aqui ou lá, perseguirão, redirecionarão, prolongarão seu próprio percurso.

A primeira parte de *Tristes Trópicos* intitula-se "O fim das viagens" e todo mundo se lembra da afirmação meio desabusada, meio irritada que aparece na abertura: "Odeio as viagens e os exploradores". Essa frase provocante prossegue através da evocação de mil pequenas misérias e de momentos de tédio que pontuam a estadia no campo (encontramos uma versão mais sinistra no diário de Malinowski) e por aquela dos viajantes profissionais dos anos cinquenta projetando suas fotos e contando banalidades na sala Pleyel de Paris. Mas Lévi-Strauss escreveu *Tristes Trópicos*. Como Michel Leiris, Georges Balandier e alguns outros, ele sabe que é um escritor de um gênero particular, que relata fatos, descreve situações, analisa comportamentos e dá conta de uma experiência na qual está engajado da mesma forma que aqueles que ele observa. Os homens que o etnólogo observa não são uma simples espécie animal. São homens como ele, e sua presença lhes põe um problema; ela age como um reativo em química, atrapalha o meio e esse desconforto pode ser instrutivo. Quando o etnólogo parte, nem ele nem aqueles com quem viveu não são mais os mesmos. O ofício do etnólogo não é de simples observação; tem uma dimensão experimental. O etnólogo não é simplesmente um observador da história. É um ator na história, mesmo a contragosto. Há, por outro lado, interesse de dar conta dela. A presença do etnólogo influi no meio observado, isso porque é aquela presença de um só indivíduo que reflete sobre a cultura dos outros, essa cultura que, justamente, apresenta-se como natural aos olhos daqueles e daquelas que aí mergulharam. É esse o cerne da experiência que ele vive e não pode tentar dar conta quando a descreve e a escreve. É então a escrita que está no fim da viagem, seu fim e seu fechamento. Nessa medida, o etnólogo viaja sempre, mesmo quando trabalha nos subúrbios de uma cidade de seu país. É uma viagem do interior. Ele viaja entre dois estados de alma, entre dois estados de espírito, entre um texto a vir e um texto advindo, entre um antes e um depois.

Ao contrário do turista moderno, consumidor que se passa por um viajante, o etnólogo é um sedentário obrigado a viajar. O turista espera a chegada das férias para partir. O etnólogo sabe que sua estadia, por mais longa que eventualmente seja, só terá sentido no retorno, quando ele tentará dar conta dela. Talvez, se há uma coisa que eles partilham, é o charme que se atém ao fato de reencontrar paisagens e indivíduos. Esse charme procede de fato de uma dupla ilusão: a da fidelidade e a do reinício, da viagem que, quando se repete, é uma espécie de expressão metafórica.

Chegamos aqui ao objetivo, pois é esse percurso que é o objeto do olhar do etnólogo e de sua reflexão de antropólogo habituado a comparar e a conjugar o aqui e o ali, o mesmo e o outro. Tudo é objeto para o etnólogo, inclusive as emoções que experimenta, aí compreendido o turista com que, porventura, cruza na proximidade de seu "campo", e que experimenta talvez emoções análogas. É um privilégio e uma responsabilidade que só pertencem a ele e que não partilha com ninguém. Nesse sentido, onde quer que esteja, não cessa nunca de viajar na mesma distância dele próprio e dos outros. E é isso que o torna mais moderno do que nunca, o que dá a seu olhar uma eficácia particular para decifrar o mundo atual. Seu modo de existência defasado, descentrado, torna-o, talvez, mais familiar em relação a outros no mundo de hoje, no qual, nós vimos, as noções de centro, de periferia e de fronteiras estão em crise.

5
O deslocamento da utopia

Como, nessas condições, imaginar a cidade do amanhã?

Não se pode mais, sabemos, imaginar hoje uma cidade que não esteja conectada à rede de outras cidades. A "metacidade" de Paul Virilio se identifica com essa mesma rede. Mundo cidade e cidade mundo, filamentos urbanos, vias de circulação e meios de comunicação: o espaço urbano é hoje um espaço complexo, emaranhado, um conjunto de rupturas num fundo de continuidade, um espaço de extensão de fronteiras móveis. Como imaginar a cidade sem ter que imaginar o mundo?

A cidade sempre teve uma existência temporal, que duplicava sua existência espacial e lhe dava seu relevo. Quando pensamos nas grandes metrópoles de hoje, temos várias imagens em mente e, notadamente, aquelas das séries americanas ou de certos filmes hollywoodianos que multiplicam os planos aéreos e os planos de conjunto (vias, luzes, transparências), inspirando-nos um sentimento sideral diante do imponente esplendor do presente. Mas, por muito tempo, a cidade foi uma esperança e um projeto, o lugar de um futuro possível para muitos e, ao mesmo tempo, um espaço em incessante construção. É ainda no cinema que encontramos um testemunho dessa dimensão prospectiva. A cidade, no cinema, foi frequentemente concebida e apresentada como a cidade a se descobrir, tanto em Murnau como nos *westerns*. Quanto à cidade lembrança, a cidade da qual nos lembramos ou que desperta a memória, é eminentemente variável, e sabemos por experiência que ela é essencial na relação afetiva que os citadinos estabelecem com seu modo de vida. Mas a cidade lembrança é também histórica e política. Centros históricos, monumentos, de um lado; itinerários da memória individual e *flânerie*, de outro: esse misto faz da cidade um arquétipo do lugar onde se misturam referências coletivas e inscrições individuais, história e memória.

A cidade é então uma figura espacial do tempo onde se conjugam presente, passado e futuro. Ela é, por sua vez, o objeto da experiência sideral, da lembrança e da expectativa. Mas sempre soubemos que em matéria de cidade e de urbanismo, a expectativa e a lembrança eram concernentes à coletividade, ao indivíduo e às relações que os unem. A cidade em construção dos *westerns* é paralela ao nascimento de uma nação: é uma cidade política. Esse pleonasmo diz o essencial sobre a cidade: desde seu nascimento, ela é a forma política do futuro. A cidade dos *westerns* é também aquela na qual numerosos planos nos mostram que indivíduos muito diversos não cessam de chegar e de descobri-la para ali encontrar a aventura, outra forma de futuro. Esse tema é transposto no espaço quando a tônica é colocada na viagem ou nos espaços que contornam e anunciam a cidade. Pensemos num poeta como Jacques Réda que parece sempre procurar um pressentimento da cidade nos terrenos baldios da periferia.

Desse ponto de vista, a cidade é ao mesmo tempo uma ilusão e uma alusão, do mesmo modo que a arquitetura que ali edifica os monumentos mais representativos.

Hoje duas realidades urbanas coexistem ou se misturam: os centros colossais onde se exprime a arquitetura contemporânea (cuja arquitetura das cidades americanas, das cidades horizontais que seduziam Céline e fascinavam Léger, é o prestigioso protótipo) e o urbano sem cidade que coloniza o mundo: logo, a presença sem limites, mas também a ausência infinita. No filme de Win Wenders, *Lisbon Story*, o herói vai da Alemanha para Portugal sem sair jamais da rede rodoviária que se estende através da Europa, atravessando uma paisagem fantasmática e variável segundo as horas do dia e da noite, uma paisagem urbana ao fim da qual ele descobrirá a cidade que traz um nome, Lisboa, ou mais precisamente, os terrenos baldios de suas zonas periféricas.

O que está em questão, finalmente, nas perturbações atuais, é um deslocamento da utopia. Mesmo se, historicamente, os dois movimentos se superpõem, pode-se dizer que a migração mundial substitui o êxodo rural em direção às cidades, e que a oposição Norte/Sul tomou o lugar da oposição Cidade/Campo. Entretanto, o resultado da nova migração é a megalópole de vocação global que pretende encarnar a utopia da economia liberal, mesmo em regime político não liberal. A megalópole, onde reina a grande arquitetura das empresas e dos monumentos, recapitula a cultura histórica, geográfica e cultural do mundo. O paradoxo da época atual é que o desenvolvimento da cidade parece fazê-la desaparecer: nós temos o sentimento de ter perdido a cidade, mesmo que aí não exista nada mais senão ela.

O ideal da cidade grega, segundo o helenista Jean-Pierre Vernant, combinava a presença do espaço privado, apadrinhado por Hestia, deusa do lar, e a presença do espaço público, apadrinhado desde a soleira da porta por Hermes, deus da soleira, do limite, das encruzilhadas, dos comerciantes e do encontro. Hoje, o público se insinua no privado e Hermes tomou o lugar de Hestia: ele poderia simbolizar, no entanto, tanto a televisão, novo abrigo da permanência, quanto o computador ou o telefone celular. Essa substituição corresponde ao que o filósofo Jean-Luc Nancy chamou uma "crise da comunidade". Sem dúvida poderíamos falar, a esse respeito, de "descentramento": ao descentramento do mundo (com a emergência de novas megalópoles e de novos pólos de referência) acrescenta-se, em efeito, o descentramento da cidade (focalizado em direção ao que lhe é exterior), o descentramento da morada (onde o computador e a televisão tomam o lugar do lar) e o descentramento do próprio indivíduo (equipado de instrumentos de comunicação – fones de ouvido, telefones celulares – que o mantêm em relação permanente com o exterior e, por assim dizer, fora dele mesmo).

Desse ponto de vista, a cidade é, então, uma ilusão. Como utopia realizada, ela não existe em parte alguma. Mas os termos dessa ilusão (transparência, luz, circulação) fazem alusão ao que poderia, talvez, existir um dia (um mundo unificado e plural, transparente a ele mesmo, que evidentemente não existe, não é nem mesmo concebível hoje, mas cuja hipótese dá um sentido ou uma ilusão de sentido à nossa história). O que se desenha sob nossos olhos, com a urbanização do mundo, aparenta-se assim a um deslocamento da utopia, à aparição de um mundo do pressentimento de dimensões globais, do planeta, como a cidade, ela mesma, havia sido outrora o objeto de pressentimentos e de projeções. Nesse sentido, a história começa ou recomeça, mas numa outra escala. Ora, ela nunca foi um rio tranquilo, sabe-se. Por outro lado, a consciência desse novo prazo, por exaltante que seja, excede os limites da imaginação humana e pode apressá-la e até aterrorizá-la.

6
Pensar a mobilidade

Apesar das realidades do mundo cidade, somos ainda, em grande parte da Europa, prisioneiros de uma concepção congelada, imóvel, de utopia. Lembramos anteriormente que as grandes imaginações da arquitetura urbana nos anos sessenta participavam das ilusões da Cidade Radiosa, isto é, do desejo suposto de viver entre si, no local, sem ter que mudar. Nos anos sessenta, e ainda após 1968, privilegiávamos a residência íntima, a nossa casa. A Cidade Radiosa de Le Corbusier, em 1952, correspondia ao ideal de uma existência sedentária, num modo de vida onde todos os recursos estavam à mão. É um ideal que encontramos na Europa nos anos seguintes e do qual, por exemplo, certas panorâmicas do subúrbio de Roma, em *La Dolce Vita* de Fellini, em 1960, nos dão uma boa percepção. O ideal da época era, então, o de uma felicidade autocentrada. Mas um paradoxo histórico quis, nos anos setenta, após a política do reagrupamento familial na França, que tivesse sido pessoas vindas de outros lugares que ocupassem os locais assim idealizados como símbolos do viver na sua casa e entre os seus. Vimos que o surgimento do desemprego em massa, no final dos anos setenta, agravou essa contradição.

Um dos problemas das "cités" onde hoje vive uma maioria de imigrados ou de descendentes de imigrados, é que, quando os comércios dos quais deviam viver e fazê-los viver foram fechados, deixaram no local uma espécie de contradição espacial viva. 1970 era a época do ideal ainda vivaz resumido na fórmula "trabalhar no país". Esse ideal de enraizamento foi paradoxalmente proposto ou imposto às populações de origem exterior, no momento exato em que os que deviam ser os destinatários e os primeiros beneficiários não se reconheciam mais. O esforço necessário para melhorar as relações entre imigrados e não-imigrados de uma parte, pais imigrados e filhos de imigrados, de outra parte, não foi feito ou o foi insuficientemente. A obrigação de residência resultou num começo de segregação entre imigrados e não-imigrados, e a uma dupla separação: de gerações, no tempo, e de jovens oriundos da imigração tornados jovens de subúrbios, no espaço.

O exemplo francês tem sua história específica. Mas podemos tirar disso lições que o ultrapassam.

Pensar a mobilidade é pensá-la em diversas escalas para tentar compreender as contradições que minam nossa história. Essas têm tudo a ver com a mobilidade.

Os Estados Unidos encorajam a criação de um mercado comum americano, mas constroem um muro na fronteira com o México. A Europa parece enfim tomar consciência do fato de que a integração nos países de acolhimento não tem sentido se ela não é acompanhada de um suporte aos países de migração. Redefinir a política de circulação dos homens tornou-se uma urgência no momento em que o caráter aproximativo dos diversos "modelos de integração" é revelado pela evolução do contexto global (acrescido dos integrismos, terrorismo, recrudescimento das ideologias).

Pensar a mobilidade é também aprender a repensar o tempo. A ideologia ocidental, com o tema do fim das grandes narrativas e do fim da história, estava em atraso em relação ao evento: ela falava de uma época sem se dar conta de que nós estávamos já grandemente engajados numa nova época. Abordava os novos tempos com palavras antigas e instrumentos ultrapassados. As políticas falam hoje de um mundo multipolar, mas seria preciso reconhecer que os "novos pólos" surgem de experiências históricas originais que não convém abrigar hoje sob o rótulo de "fim da história". Nem a democracia representativa, nem o mercado liberal são verdadeiramente o objeto de um acordo unânime. É como se o fim da história aparecesse desde o presente como uma nova "grande narrativa". Por outro lado, as "grandes narrativas" têm, em geral, vida dura. Os fundamentalismos mais agressivos (em primeiro lugar, as diferentes formas de islã que o Ocidente guarda hoje sob a etiqueta "islamismo") carregam, como seu nome indica, uma interpretação do passado, mas se apresentam também sob uma forma proselitista que implica, evidentemente, uma visão do futuro. Para dizer a verdade, são formas híbridas que escapam, em larga medida, às categorias elaboradas por Lyotard. Elas projetam no futuro o modelo de um passado fantasmático. Antes de qualquer coisa, representam um esforço desesperado de escapar à categoria do tempo e, nesse sentido, constituem uma das expressões mais caricaturais da crise de consciência contemporânea e de sua incapacidade de conduzir a história.

Pensar a mobilidade no espaço, mas ser incapaz de concebê-la no tempo, essa é finalmente a característica do pensamento contemporâneo preso na armadilha de uma aceleração que o entorpece e o paralisa. Mas, por isso mesmo, é no espaço que ela denuncia inicialmente sua imperfeição. Diante da emergência de um mundo humano conscientemente co-extensivo ao planeta como um todo, tudo se passa como se recuássemos diante da necessidade de organizá-lo, refugiando-nos atrás das velhas divisões espaciais (fronteiras, culturas, identidades) que até o presente foram sempre o fermento ativo dos afrontamentos e das violências. Diante dos progressos da ciência, diante da mudança de escala que implicam os progressos das ciências físicas e das ciências da vida, tudo se passa como se, tomado por uma vertigem pascaliana, uma parte da humanidade se angustiasse sobre conquistas feitas em seu nome e se refugiasse em antigas cosmologias. Entretanto, apesar de nós, nós avançamos (por mais que esse "nós" exista e remeta à parte de humanidade genérica que todos os seres humanos compartilham), e um dia será preciso tomar consciência de que a coragem política e o espírito científico são feitos da mesma matéria.

Conclusão

Há raros momentos na história em que a utopia, um fragmento de utopia pelo menos, parece se realizar. Foi o caso na França em 1936, com a criação das férias pagas que permitiu a numerosos franceses descobrir algumas paisagens de seu país. Não é preciso se contentar com palavras. Evocamos, sem cessar, a globalização e seu ideal de mobilidade, mas numerosos franceses, notadamente entre os mais jovens, nem sempre viajam de férias. A mobilidade no espaço permanece um ideal inacessível a muitos, enquanto é a primeira condição para uma educação real e uma apreensão concreta da vida social. Quanto à mobilidade no tempo, existem duas dimensões muito diferentes inicialmente, na aparência, mas muito estreitamente complementares. De um lado, aprender a se deslocar no tempo, aprender a história, é educar o olhar focado no presente, prepará-lo, torná-lo menos ingênuo ou menos crédulo, torná-lo livre. De outro lado, escapar, na medida do possível, aos constrangimentos de idade é a forma mais autêntica de liberdade. A educação continua sendo a melhor garantia. Em toda verdadeira democracia, a mobilidade do espírito deveria ser o ideal absoluto, a primeira obrigação. Quando a lógica econômica fala de mobilidade é para definir um ideal técnico de produtividade. É o ponto de vista inverso que deveria inspirar a prática democrática. Assegurar a mobilidade dos corpos e dos espíritos o mais cedo e pelo maior tempo possível levaria a um excedente de prosperidade material.

Nós precisamos de utopia, não para sonhar realizá-la, mas para tê-la conosco e nos dar assim os meios de reinventar o cotidiano. A educação deve inicialmente ensinar a todos a mudar o tempo para sair do eterno presente fixado pelas imagens em círculo, e fazer mudar o espaço, isto é, a mudar no espaço, a sempre ir ver mais de perto e a não se nutrir exclusivamente de imagens e mensagens. É preciso aprender a sair de si, a sair de seu entorno, a compreender que é a exigência do universal que relativiza as culturas e não o inverso. É preciso sair do cerco culturalista e promover o indivíduo transcultural, aquele que, adquirindo o interesse por todas as culturas do mundo, não se aliena em relação a nenhuma delas. É chegado o tempo da nova mobilidade planetária e de uma nova utopia da educação. Mas só estamos no começo dessa nova história que será longa e, como sempre, dolorosa.

Tel.: (11) 2225-8383
WWW.MARKPRESS.COM.BR